BEI GRIN MACHT SICH
WISSEN BEZAHLT

- Wir veröffentlichen Ihre Hausarbeit,
  Bachelor- und Masterarbeit

- Ihr eigenes eBook und Buch -
  weltweit in allen wichtigen Shops

- Verdienen Sie an jedem Verkauf

Jetzt bei www.GRIN.com hochladen
und kostenlos publizieren

Bibliografische Information der Deutschen Nationalbibliothek:

Die Deutsche Bibliothek verzeichnet diese Publikation in der Deutschen National-bibliografie; detaillierte bibliografische Daten sind im Internet über http://dnb.d-nb.de/ abrufbar.

Impressum:

Copyright © 2007 GRIN Verlag, Open Publishing GmbH
Druck und Bindung: Books on Demand GmbH, Norderstedt Germany
ISBN: 9783640449941

Dieses Buch bei GRIN:

http://www.grin.com/de/e-book/136717/frauensprache-und-maennersprache

Marina Lindekrin

Frauensprache und Männersprache

Fiktion oder Realität?

GRIN Verlag

GRIN - Your knowledge has value

Der GRIN Verlag publiziert seit 1998 wissenschaftliche Arbeiten von Studenten, Hochschullehrern und anderen Akademikern als eBook und gedrucktes Buch. Die Verlagswebsite www.grin.com ist die ideale Plattform zur Veröffentlichung von Hausarbeiten, Abschlussarbeiten, wissenschaftlichen Aufsätzen, Dissertationen und Fachbüchern.

Besuchen Sie uns im Internet:

http://www.grin.com/

http://www.facebook.com/grincom

http://www.twitter.com/grin_com

Universität zu Köln

Humanwissenschaftliche Fakultät

Seminar für Deutsche Sprache und ihre Didaktik

Seminar: Sprache und Geschlecht

Sommersemester 2007

Frauensprache und Männersprache.

Fiktion oder Realität?

Marina Lindekrin

LA Sonderpädagogik

Inhaltsverzeichnis

1. Einleitung

„Frauen sind erstaunt, was Männer alles vergessen.

Männer sind erstaunt, woran Frauen sich erinnern".

Peter Bamm

Die Kommunikation ist das Hauptcharakteristikum unserer heutigen gesellschaftlichen Welt. Sie produziert, etabliert und verfestigt zwischenmenschliche Beziehungen. Niemand ist in der Lage, sich sprachlichen Auseinandersetzung mit der Umwelt vollkommen zu entziehen. Kommunizieren im allgemeinen ist ein grundsätzliches Bedürfnis und ein wichtiger Bestandteil menschlicher Existenz. Je besser sich das Individuum verstanden fühlt, um so mehr trägt das zu seinem Wohlbefinden bei, und das wiederum beeinflusst seine Einstellung den Mitmenschen gegenüber.

Das primäre und wichtigste Medium der Kommunikation ist **die Sprache**, die „ein Konglomerat verschiedener Subsysteme und Äußerungsvarianten ist, die von innersprachlichen und außersprachlichen Faktoren bestimmt sind" (Löffler 1994, S. 23). Dieses Medium vermittelt uns Informationen über die Außenwelt - über Personen, Gegenstände und Ereignisse, sie vermag es, unser Denken und Handeln zu beeinflussen und im weiteren Sinne zu verändern. Sie ist auch enorm wichtig bei der Erschaffung und Aufrechterhaltung der zwischenmenschlichen Beziehungen (Falger, A., 2001, S. 4).

Der Reichtum der potentiellen Kommunikationsmöglichkeiten ist unbegrenzt, dabei sind nur einige Variablen zu nennen, die die Kommunikation beeinflussen: Alter, Geschlecht, Herkunft, Ausbildung, sozialer Status, ethnische Zugehörigkeit usw. Eine dieser Variablen erscheint besonders interessant. Es handelt sich um **die Sprache und das Geschlecht**. Unter der Kategorie „Geschlecht" wird die Kategorisierung von Menschen als „weiblich" oder „männlich" verstanden. „Welchem Geschlecht jemand angehört, ist neben dem Alter das wichtigste zur allgemeinen Charakterisierung eines Menschen herangezogene Merkmal. Die Geschlechtszugehörigkeit wird im Pass festgehalten, sie geht in die soziale Anrede ein und bestimmt das menschliche Zusammenleben in vielerlei Hinsicht. Sie ist nicht nur für das Sexualverhalten im engeren Sinne und das Verhältnis der Geschlechter zueinander von Bedeutung. Schon vor der Geburt eines Kindes beschäftigt die werdenden Eltern besonders die Frage, ob *es* ein Junge oder Mädchen wird" (Trautner 1997, S. 323).

Dass Frauen und Männer anders sind, ist kein Geheimnis. Das Geschlecht, die Kleidung, der Gang, die Stimme und noch vieles mehr machen einen Unterschied. Geschlechtsspezifische Unterschiede wurden schon in verschiedenen Kulturen seit länger Zeit beobachtet. Dabei gibt es zu untersuchen, wie sich Frauen und Männer beim Sprechen verhalten.

In der vorliegenden Arbeit gehe ich auf die folgende Problemstellung ein: Ist die Geschlechtszugehörigkeit die Basis für eine sprachliche Differenzierung? Wird durch Geschlechtszugehörigkeit ein geschlechtsspezifischer Sprachgebrauch bzw. ein geschlechtsspezifisches Sprachverhalten produziert? Ist es gerechtfertigt, von "Frauen - und Männersprache" zu sprechen?

Zum Einstieg in das Thema möchte ich auf die sprachliche Sozialisation der Geschlechter eingehen und Geschlechterdifferenzen im Sprachgebrauch untersuchen. Im Weiteren konzentriere ich mich auf die Erklärungsansätze, die es ermöglichen, den Zusammenhang zwischen Sprache und Geschlecht, die Bedingungen und Ursachen für geschlechtsspezifisches Sprachverhalten aufzuhellen und von verschiedenen Perspektiven her zu beleuchten. Anschließend geht es um die Diskussion der Gleichberechtigung im Sprachverhalten.

4

2 Sprachliche Sozialisation der Geschlechter

2.1 Geschlechtsstereotypen und ihre soziale Bewertung

Der Gedanke, dass es eine spezifisch weibliche Sprache geben könnte, geht auf die anthropologisch-ethnologische Forschung aus den letzten Jahrhunderten. Eine der Hauptleistungen der feministischen Bewegung der 70er und 80er Jahre war es, die immense *soziale Bedeutung der Geschlechtszugehörigkeit* eines Menschen in unserer patriarchalisch orientierten Gesellschaft herauszuarbeiten und aufzuzeigen, welche Auswirkungen die Existenz stereotyper Geschlechtsrollenbilder auf die Lebens- und Arbeitsbedingungen von Frauen und Männern hat. Ein Ergebnis der feministischen Bewegung war die Formulierung folgender Erkenntnisse:

• Die westliche Kultur und Gesellschaft ist durch patriarchalische Macht- und Gesellschaftsstrukturen gekennzeichnet.

• Die gesellschaftliche Geschlechterrolle ist nur in geringem Maße genetisch festgelegt und weitgehend Produkt einer sozialen Erziehung und Disziplinierung.

In einer patriarchalisch orientierten Gesellschaft existieren stereotype Geschlechtsrollenbilder, d.h. die Rollen von Männern und Frauen sind traditionell festgelegt. Sie weisen stark unterschiedliche Verhaltensnormen auf und haben beträchtlichen Einfluss auf die Lebens- und Arbeitsbedingungen von Frauen und Männern. Die Geschlechterrolle sei eine weitgehend sozial bestimmte Angelegenheit (Linke, A., Nussbaumer M. & Portmann P., 2001). In Bezug auf die zentrale Annahme der Rollentheorie werden Verhaltensunterschiede der Geschlechter und damit verbundene Erwartungen und Selbsteinschätzungen durch soziale Rollen vermittelt. Die gesellschaftlichen Stereotype befördern geschlechtsdifferentes Verhalten, indem sie unangemessenes Verhalten gesellschaftlich oder individuell sanktionieren, angemessenes Verhalten dagegen unterstützen. Der Prozess der Rollenübernahme besteht dann darin, dass Frauen und Männer die für ihre Rolle typischen Fertigkeiten und Fähigkeiten erwerben (Klann-Delius 2004, S.154).

Die Verhaltensmuster, die in der Kindheit angelegt wurden, bestimmen im Weiteren das Erwachsenenalter. Bis heute lassen sich Eigenschaften typischer Geschlechtsrollenbilder isolieren, die auf die familiäre Arbeitsteilung zurückgehen: Die Frau war in erster Linie für die Familie, den Haushalt und die Kindererziehung zuständig, während der Mann primär die Ernährerrolle ausfüllte. Im Zuge der Sozialisierung wurden daher den Mädchen stärker personen- und beziehungsorientierte Verhaltensweisen und Normen vermittelt, während bei den Jungen sach- und statusorientiertes Verhalten gefördert wurde. Daraus ergeben sich folgende im Alltagswissen verankerte Vorstellungen von idealtypischem Geschlechtsrollenverhalten: Für Frauen wird ein eher passives, freundliches, emotionales, fürsorgliches und sensitives Verhalten erwartet, das die soziale Abhängigkeit und Schutzbedürftigkeit betont. Männer dagegen entsprechen dem positiven Stereotyp, wenn sie dominant, emotional kontrolliert, berufsorientiert und unabhängig auftreten. Dabei werden die männlichen Eigenschaften traditionell höher bewertet als die weiblichen. Diese Polarisierung der Geschlechter ist mit einem starken Machtgefälle verbunden und impliziert eine Benachteiligung der Frau. Schon der Zwang, sich zwischen den verschiedenen Rollenerwartungen entscheiden zu müssen (Familie, Kinder oder Karriere), stellt eine solche Benachteiligung dar, der sich Männer nur in seltenen Fällen ausgesetzt sehen. Obwohl Frauen laut Grundgesetz die gleichen Rechte wie Männer haben und die traditionellen Vorstellungen von Weiblichkeit und Männlichkeit innerhalb der letzten Jahre zunehmend in Frage gestellt werden, sind auch heute noch relativ wenige Frauen in höheren beruflichen Schichten anzutreffen. Ein höherer Bildungsabschluss bei Frauen führt nicht zu einem gleich hohen Einkommen wie bei Männern. Die Frauen mit Universitätsabschluss erreichen 79% - 81% des Einkommens von Männern mit vergleichbarem Bildungsniveau [...]« (Bericht der Bundesregierung 2002, S. 4). Deutlich mehr Frauen als Männer leben unterhalb der Armutsgrenze. Die Kinderbetreuung ist weiterhin überwiegend Aufgabe der Frauen, die dies in Deutschland zudem meist nicht mit einer vollen Erwerbstätigkeit vereinbaren können (vgl. Statistisches Bundesamt 2003). 85% der Alleinerziehenden in Deutschland sind Frauen, von denen ein hoher Anteil auf Sozialhilfe angewiesen ist (vgl. Statistisches Bundesamt 2003). Frauen sind weder in höheren Leitungspositionen in der Wirtschaft noch in der Politik nennenswert vertreten (Bericht der Bundesregierung 2002, S. 3; Bund-Länder-Kommission 2003).

Frauen und Männer machen in vielen Lebensbereichen verschiedene Sozialisationserfahrungen. Die Sozialisation hat bestimmte Verhaltensweisen nahegelegt, die als typisch „weibliches" oder „männliches" Verhalten bezeichnet werden. Es muss aber darauf hinwiesen werden, dass das Auftreten bestimmter Verhaltensformen keinen universellen Charakter haben. Jeder Mensch, egal ob Mädchen oder Junge, Frau oder Mann, hat individuelle, einzigartige Erfahrungen gemacht, die ihn unabhängig vom Geschlecht geprägt haben.

2.2 Geschlechtsspezifische Gesprächserwartungen

Obwohl der Wortschatz einer Sprache gleich ist, sind geschlechtstypische Unterschiede im Sprachverhalten festzustellen. Nach Gottburgsen ist ein »weiblicher« bzw. ein »männlicher« Sprachstil Ausdruck eines »geschlechtsangemessenen Verhaltens« (Gottburgsen 2000, S. 33), das kulturell »erwünscht«, vermittelt und von den einzelnen Akteurinnen und Akteuren in realen Interaktionen mehr oder weniger korrekt oder vollständig umgesetzt wird.

Beide Geschlechter entwickeln auf unterschiedlichen Gebieten ihre Sprachkompetenz: für Mädchen ist die Stärke der Bindungen sehr wichtig - sie befinden sich in komplexen Netzwerken von Beziehungen und bilden komplexe sprachliche Ausdrucksformen zur Vermittlung dieser Beziehungen heraus, während für Jungen Leistung und damit verbundene Aktivitäten im Vordergrund stehen (Tannen 1993, S.198).

Das heißt selbstverständlich nicht, dass alle Männer und alle Frauen in jeder Kommunikationssituation »so«, also »typisch männlich« bzw. »typisch weiblich«, und nicht anders reden. Unzweifelhaft lassen sich »bestimmte sprachlich/sprecherische Besonderheiten nicht einfach linear Frauen oder Männern zuordnen« (Heilmann 1998, S. 113). Selbstverständlich realisieren Männer und Frauen je nach Kommunikationssituation ein sprachliches Verhalten, das - außer von der Kategorie Geschlecht - noch von unzähligen anderen Faktoren beeinflusst wird.

3 Sprachgebrauch

Die Sprache gehört zu dem wichtigsten Kommunikationsmittel des Menschen. Sie ermöglicht, sich gleichzeitig als Individuum und Mitglied einer Gemeinschaft zu definieren. Jeder Mensch entwickelt seine eigene Sprechweise, seinen eigenen Gesprächsstil, der eben persönliche wie auch gruppenspezifische Merkmale besitzt. Geschlechterdifferenzen im Sprachgebrauch lassen sich auf der Ebene der Phonologie, auf der Ebene der Syntax, auf der Ebene der Semantik und auf der Ebene der Pragmatik unterscheiden.

3.1 Phonologie

Geschlechterunterschiede auf der phonologischen Ebene beziehen sich auf die Differenzen in der Tonhöhe bzw. Stimme, Aussprache und Intonationsmustern.

Die Stimme scheint ein wichtiger Indikator für die Geschlechtszugehörigkeit zu sein. In der Regel ist die weibliche Sprache höher als die eines Mannes. Neuere Untersuchungen weisen darauf hin, dass sich die Unterschiede in der durchschnittlichen Grundfrequenz bei Männer- und Frauenstimmen nur zum Teil biologisch erklären lassen.

Die hohen Stimmen der Frauen und die tieferen Stimmen bei Männern scheinen zumindest teilweise das Produkt einer nicht biologisch begründbaren 'Verschiebung der Stimme' innerhalb des zur Verfügung stehenden Stimmumfangs zu sein: Männer wie Frauen nutzen den ihnen verfügbaren Umfang nicht gleichmäßig, sondern einseitig aus, wobei Männerstimmen eher im unteren, Frauenstimme eher im oberen Teil des ihnen zur Verfügung stehenden Grundfrequenzbereichs angesiedelt sind. Es kommt auf diese Weise zu einer nicht notwendigen, die sozialen Geschlechtsstereotype jedoch unterstützenden Polarisierung von Männer- und Frauenstimmen (Graddol & Swann 1989, S. 18).

Studien von Lieberman (1967), Mattingly (1966), Sachs et al. (1973) haben gezeigt, dass **die Stimmhöhe** auch von gelerntem Verhalten bestimmt wird. So gilt eine hohe Stimme als Indiz für Weiblichkeit, wobei die Tonhöhe auch von den Intonationsmustern der jeweiligen Sprache abhängig ist.

Die Sprachwahrnehmung wird nach Befunden von Elizabeth Strand (1999) von Geschlechterstereotypen mitbestimmt. Nach experimentellen Studien von

8

Ohala wird eine tiefere Stimme als vertrauenswürdiger und dominanter, eine hohe Stimme als weniger kompetent und generell weniger potent eingeschätzt (Graddol/Swann 1989, S. 32).

Bezüglich der **Intonation** zeigten empirische Studien für das Englische und das Niederländische, dass Männer eine eher monotone Intonation aufweisen, während die von Frauen sich durch Dynamik und Tonhöhenveränderungen auszeichnet (Bennet/Weinberg 1979; McConnell-Ginet 1983; Biemans 1999). Weibliche Intonationsmuster klingen emotionaler und emphatischer als die männlichen. Frauen sind im Durchschnitt gefühlsbetonter als Männer und reagieren dadurch expressiver und spontaner. Weibliche Sprecher wechseln die Tonhöhen auch häufiger als männliche (Kotthoff 1994; S.181). Sie verwenden auch ein breiteres Spektrum von Tonbewegungen. Typisch weiblich ist auch stärkere Behauchung und längere Ausgleitung der Töne. Dabei müssen viele andere Faktoren in Betracht gezogen werden, die die Intonation mitbestimmen können.

3.2 Syntax

Frauen weisen im Vergleich zu Männern einen stärker verbal orientierten Satzbau auf, neigen zu kürzeren Sätzen und zeigen allgemein eher die Tendenz zu syntaktischen Charakteristika der gesprochenen Sprache (vgl. z.B. Widmark 1983). Bezüglich der **syntaktischen Muster** kommt Ludwig Kohlbrecher (1990) in seiner Studie zu dem Ergebnis, dass Frauen mehr Konjunktionen gebrauchen, diese aber vor allem zu parataktischen Konstruktionen verwenden; Männer dagegen bevorzugen hypotaktische Konstruktionen (längere und komplexere Satzgefüge).

Frauen stellen mehr **Fragen** als Männer, und zwar jeglicher Art. Sie tun es nicht nur, um etwas zu erfahren, sondern auch, damit eine Konversation einfach im Gang bleibt. Eine Frage leistet nämlich gute Gesprächsarbeit, sie trägt wesentlich dazu bei, dass eine Konversation überhaupt stattfindet (Fishman 1984, S.134). Fishman (ebd. S.139) sieht vermehrtes Fragen-Stellen seitens der Frauen als eine Art Strategie, Aufmerksamkeit und Reaktionen besonders männlicher Kommunikationsteilnehmer zu erhalten. Außerdem bedeutet Fragen - für Frauen - auch mehr oder weniger höfliches Zeigen von Interesse. Für Männer heißt Fragen Unwissen oder eine Möglichkeit,

9

Informationen zu bekommen, und stellen sehr selten Fragen, die keinen Sinn haben.

Insgesamt lässt sich feststellen, dass in nur wenigen Bereichen geschlechtsbezogene Unterschiede im Gebrauch syntaktischer Formen untersucht wurden, und deswegen lässt es nicht eindeutig beurteilen, weil auch in diesem Bereich das Geschlecht mit anderen Variablen interagiert (Klann-Delius G. 2004, S. 47).

3.3 Semantik

Frauen drücken sich oft 'gewählter' aus als Männer, sie vermeiden Kraftausdrücke oder benützen abgeschwächtere Formen. Aufgrund der in vieler Hinsicht unterschiedlichen Lebens- und Erfahrungsbereiche von Männern und Frauen verfügen Männer und Frauen auch über unterschiedliche Fachwortschätze und differenzieren in bestimmten Wortschatzbereichen in unterschiedlicher Art und Weise (Linke, A., Nussbaumer, M. & Portmann, P. 2001, S. 320). Gleser et al. (1959) beobachteten, dass Frauen, wenn sie über persönliche Erfahrungen reden, häufiger Wörter gebrauchen, die sich auf Gefühle, Emotionen und Motivationen beziehen und dass sie dabei häufiger auf sich selbst referieren. Männer dagegen verwenden häufiger Wörter, die destruktive Aktivitäten bezeichnen (Borker 1980, S. 32). Außerdem gebrauchen Frauen differenzierte Wörter für typische weibliche Aktivitäten und Themen wie Nähen, Kochen, Kindererziehung, Verwandte (Conklin 1978; Klein 1971; Nelsen/Rosenbaum 1972, Fill 1993, Tannen 1993). Männer dagegen weisen einen differenzierten Wortschatz auf im Bereich typisch männlicher Aktivitäten und Interessen (Sport, Politik, technisches Wissen ect.), Schimpfwörter (Kramer 1975), Verben für feindselige Handlungen (Gilley/Summers 1970). Relativ gesichert ist der Befund, dass die Frauen bessere Leistungen im Behalten von Wörtern zeigen (Kimura 2000, S. 96). Demnach kann aber gesagt werden, dass diese Variablen zeit-, status- und kulturabhängig sind.

3.4 Pragmatik

Die überwiegende Anzahl der empirischen Studien zu Sprache und Geschlecht bezieht sich auf pragmatische Fragestellungen. Es wird in erster Linie untersucht, wie Männer und Frauen die interpersonelle Kommunikation gestalten und welche Sprechakttypen sie verwenden. Dass die Frauen die indirekteren, höflicheren und maskierten Sprechaktvarianten zeigen, wie z.b. Fragen anstelle von direkten Befehlen, beweist das empirische Material von Lakoff (1975) und Swacker (1975), Lapadat/Seesahai (1978), Mulac (1998) und Kendall (2004).

Ein interaktives und kooperatives sprachliches *doing gender* (eine spezifisch weibliche Kommunikationsweise) entspricht dem »Mutter-Frau-Ideal«, weil es Ausdruck von Gesprächsarbeit ist, d. h. des Versuchs, Gespräche zustande zu bringen, aufrechtzuerhalten und möglichst positiv zu gestalten - allerdings hauptsächlich für andere.

Einzelne Merkmale der interpersonellen Kommunikation wurden von Ulrike Gräßel zusammengefasst (Karin M. Eichhoff-Cyrus 2004, S.62):

- *Frauen geben mehr Unterstützungen als Männer*
Unterstützungen sind äußerst positive Ausprägungen des Sprachverhaltens, da sie einerseits ein aktives Hörverhalten signalisieren, andererseits als Ermutigung und Bestätigung dienen. Allerdings müssen Unterstützungen nicht automatisch die Funktion der Zustimmung haben. So ist es möglich, einer Person, mit der man nicht übereinstimmt, durch *mhm,* Kopfnicken oder ein kurzes und knappes *ich verstehe* zu signalisieren, dass man ihr im Moment zu hört, ein Widerspruch jedoch später erfolgen kann.

- *Frauen vollenden häufiger die Sätze anderer Gesprächsteilnehmerinnen und –teilnehmer*
Das Ergänzen der Satzkonstruktion eines Sprechers oder einer Sprecherin setzt ebenfalls Zuhören voraus, und zwar ein ausgesprochen aufmerksames Hörverhalten, bei dem sowohl inhaltliche als auch syntaktische Strukturen des Gesagten mitgedacht und antizipiert werden.

- *Frauen »möchten« häufiger etwas sagen*
Es gibt unterschiedliche Formen, einen Redebeitrag einzuleiten, und nicht alle entsprechenden Floskeln sind auch Formen der Abschwächung. Dies gilt z. B. für Äußerungen wie *dazu muss ich Ihnen sagen ...* oder *dazu darf ich Ihnen sagen ...*

- Unschärfemarkierer

Frauen verwenden häufig Unschärfemarkierer wie z.B. „ *irgendwie* " , „ *irgendwas* " , „ *oder so* " , „ *finde ich* " , „ *weißt du?* " usw.. Das sind abschwächende Mechanismen, mit denen die Aussage in ihrer Gültigkeit eingeschränkt wird. Zu diesen abschwächenden Mechanismen zählen außerdem noch folgende weitere Aussagen: „ *Ist es nicht so, dass ...* " / Aussage wird in Frageform umformuliert./ „ *Das ist nur so eine Idee von mir* " „ *Es fiel mir nur gerade so ein* " / Frau wertet sich selbst bzw. die Wichtigkeit ihrer Aussage ab./ „ *...siehst du das nicht genauso* " / Frau versucht durch Rückversicherungs- fragen Zustimmung zu erheischen. /

- Frauen stellen seltener als Männer Scheinbezüge her

Das Herstellen von Scheinbezügen ist eine äußerst geschickte Methode, das Wort zu übernehmen, ein neues Thema einzuführen und damit den weiteren Verlauf des Gesprächs zu bestimmen. Scheinbezüge lassen sich konstruieren, indem man ein Stichwort aus dem vorangegangenen Redebeitrag aufgreift, sodass ein Sprecher/Sprecherinnen-Wechsel legitim erscheint, und gleichzeitig einen Wechsel des Themas oder Themenschwerpunkts initiiert. Das Herstellen von Scheinbezügen ist dagegen Ausdruck eines eher dominanten Sprachverhaltens, ein eindeutiges Mittel der Gesprächskontrolle. Diese Form des Sprachverhaltens findet sich bei Frauen selten.

Im Kontext von geschlechtsspezifischer Kommunikation wird oft **Unterbrechung** als ein männliches Dominanzverhalten und Mittel der Themenkontrolle interpretiert (West 1984, Werner 1983).

Eine Frau will sich von ihrem Mann scheiden lassen. Als der Richter sie fragt, warum sie eine Scheidung will, antwortet sie: "Mein Mann hat in zwei Jahren kein einziges Mal zu mir gesprochen". Dann fragt der Richter den Ehemann: "Warum haben Sie so lange nicht mit Ihrer Frau geredet?" Antwortet der Mann: "Ich wollte sie nicht unterbrechen".

Die Unterbrechung der gerade sprechenden Person bietet die Möglichkeit, sich in Szene zu setzen und eigene Redebeiträge darzustellen. Das geschieht oft auf Kosten der Vorredner/-innen, deren Themen ignoriert, nicht ernst genommen oder in Frage gestellt werden. Wenn Männer unterbrechen, missachten sie die thematische Ausrichtung vorangehender Beiträge bei weitem häufiger als Frauen (Frank 1992; S.43). Die Verwendung von Unterbrechungen durch Männer spiegelt die allgemeinen Züge ihres Gesprächsverhaltens wieder: Konkurrenz um das Wort und den Status.

Frauen unterbrechen natürlich auch, sowohl andere Frauen wie auch Männer. Es scheint aber, dass sie diesbezüglich ganz anders motiviert sind. Ihre Unterbrechungen haben häufig die Form einer „kooperativen Überlappung", (Tannen 1997, S.55), die eher Teilnahme und Interesse ausdrückt und nicht verbale Streitlust oder Absicht zu dominieren. Wenn Frauen unterbrechen oder überlappen, hat es in vielen Fällen mehr unterstützende als hemmende Wirkung - in Form von „kommentierenden und ergänzenden Redebeiträgen" (Frank 1992, S.54).

Die Studien von Roger/Nesshoever (1987), Anderson/Leaper (1998), Holmes (1996) wiesen aber darauf hin, dass es keinen statistisch signifikanten Unterschied zwischen Männer und Frauen in der Kommunikationsweise auf der pragmatischen Ebene gibt. Persönlichkeitsmerkmale, situative Faktoren müssen dabei berücksichtigt werden, und da die Studien qualitativ angelegt sind, können aus ihnen keine Verallgemeinerungen abgeleitet werden (Klann-Delius, G. 2004, S.66).

4 Nonverbale Kommunikation

Nonverbale Kommunikation meint die Übermittlung und Dekorierung von Botschaften im mimischen Ausdruck, in Gestik, Intonation, Körperhaltung und -ausrichtung im Raum, die begleitend, ergänzend und ersetzend zur verbalen Kommunikation erfolgen kann. Nonverbale Botschaften werden auch durch die Art der Kleidung und kosmetischen Herrichtung der Körper übermittelt (Knapp & Hall 1992).

Körpersprache vermittelt sehr viele Informationen, auch die nicht be-absichtigten und nicht gewollten, weil es zum Großteil unbewusst und dadurch ganz natürlich (unverstellt) verläuft. Die Körpersprache kann auch sehr viel über den Status und den Zugang zur Macht verraten, sowohl auf der individuellen wie auch auf der gesellschaftlichen Ebene.

Im Folgenden gehe ich nur auf einige Aspekte ein, das Thema „Körpersprache im Geschlechterfokus" erörtern:

• *Körperhaltung.* Der Gang von Männern und Frauen ist so charakteristisch unterschiedlich, dass bewegte Körper, an denen nur einige Lichtpunkte angebracht sind, selbst im Dunkeln als Männer oder Frauen zuverlässig erkannt werden können (Cutting et al. 1978, zit. in Hall 1984, S. 124). Ebenso konnte gezeigt werden, dass allein anhand der Kopfbewegungen das Geschlecht einer Person erkannt werden kann (Hill/Johnston 2001). Frauen neigen dazu, sich „eng" und schmal zu machen: Hände und Füße bleiben nahe am Körper; ihre Kleidung ist zwar verspielt, ornamental, aber wenig funktionell: enge Röcke, Stöckelschuhe usw. (Kotthoff 1994; S.173). Männer machen sich „breit": Füße auseinander, Arme weit vom Körper, schlichte, aber funktionelle Kleidung (Roßbach 1993; S.107). Die Körperhaltung ändert sich je nach der Zusammensetzung der Gruppe, und in diesem Fall verändert sich die Körperhaltung.

• *Mimik.* Häufig untersucht im Bereich der Mimik wird **das Lächeln**. Ein lächelndes Gesicht wirkt freundlicher, höflicher und - hübscher. Das Lächeln stellt eine angenehmere Atmosphäre her, es kann aber auch den Versuch darstellen, Unsicherheit zu kaschieren -   statushöhere Personen werden besonders häufig angelächelt, und zwar von Frauen. Männer lächeln angeblich mehr (als sonst), wenn sie lügen! (Roßbach 1993; S.105). Schmid Mast (2000) fand, dass Männer und Frauen im gleichgeschlechtlichen Gespräch zunächst gleich häufig lachten, dass in den Gesprächen unter Männern Lachen als Dominanzindikator mit der Zeit zurückging und Lachen hier eher als unterstützend wahrgenommen wurde, während Frauen im gleichgeschlechtlichen Gespräch auch zum zweiten Beobachtungszeitpunkt noch häufiger lachten und dieses Verhalten bei ihnen als Anzeichen von Dominanz wahrgenommen wurde. In Gesprächen mit Männern lachten Frauen häufiger; das Verhalten der Frauen wurde weder als besonders freundlich und unterstützend noch als besonders dominant von den Männern wahrgenommen. Frauen dagegen beurteilten das Lachen der Männer in gemischtgeschlechtlichen Gesprächen als Signal von Dominanz (Schmid Mast 2000, S. 76ff).

• *Blickverhalten.* Eine neuere Studie von Baron-Cohen kam zu dem Ergebnis, dass schon neugeborene Mädchen länger auf ein reales, belebtes Gesicht eines Menschen schauen, während Jungen den Blick eher auf ein unbelebtes, mechanisches Objekt richten (Baron-Cohen 2004, S. 85).

• *Augenkontakt.* Frauen schauen ihr Gegenüber (egal welchen Geschlechts) direkt und häufiger an als Männer. Beim gegenseitigen Augenkontakt mit Männern wenden sie den Blick als erste ab - was Unterwerfung bzw. niedrigere Position signalisieren kann. Eben aus diesem Grund versuchen Männer untereinander oft den Blickkontakt zu meiden. Bei sexuell motivierten Blicken werden in überwiegen der Mehrheit Frauen angestarrt.

• *Gestik.* Die wenigen Studien zu geschlechtsbezogenen Unterschieden in der Gestik haben eine stärkere Expressivität und Häufigkeit von Handgesten bei Frauen ermittelt (Maier 1992; Hall 2000).

Eine Untersuchung von Heilmann (2002) zu der Frage, welchen Anteil körperliche Ausdrucksmittel an einer gelungenen Intervention haben, - bezogen auf geschlechtsspezifische Unterschiede - führte zu folgenden Ergebnissen (Karin M. Eichhoff-Cyrus 2004, S.52):

Die Parameter Arm-Hand-Gestik, Kopfhaltung, Blickrichtung und Körperhaltung wurden von den Gesprächsbeteiligten beiderlei Geschlechts gleichermaßen eingesetzt. Der Interventionswille führte zum Versuch der Distanzverringerung, Rederechtabgabe wurde über Distanzvergrößerung signalisiert. Bei Frauen und Männern gleichermaßen konnte beobachtet werden, dass sich para- und extralinguale Parameter gegenseitig ersetzen können, also z. B. stark distanzverringernde Gestik nicht sehr ausgeprägte Lautheit ersetzen konnte.

Auch im Bereich der körperlichen Sprechausdrucksmittel wurde deutlich, dass Frauen einen intensiveren Einsatz der Parameter benötigen als Männer, wollen sie den gleichen Erfolg herbeiführen. Weiter zeigte sich, dass bei Interventionsversuchen auch auf körpersprachlicher Ebene die Aktivität der Sprechenden entscheidender ist als die der Intervenierenden, und zwar unabhängig vom Geschlecht.

Zusammenfassend lässt sich feststellen, dass das Thema » Körpersprache im Geschlechterfokus« einer differenzierten und behutsamen Explikation bedarf. Erst unter multifaktorieller Analyse und einer Relevanzgraduierung wird es deutlich, dass lineare Zuschreibungen nicht haltbar sind. Es ist notwendig die mehrdimensionale Betrachtungsweise zu berücksichtigen, die unterschiedliche Kategorien einbezieht.

5 Kohärenz von Status und Geschlecht

Geschlechtsspezifisches Verhalten wird durch vielfältige Faktoren beeinflusst. Es spielt eine Rolle, ob ein Gespräch in einem öffentlichen oder privaten Rahmen stattfindet, ob und wie es moderiert wird, ob sich die Teilnehmerinnen und Teilnehmer vorbereitet haben und ob die Gruppe groß oder klein ist. Neben dem Geschlecht ist unter anderem die gesellschaftliche Position der Gesprächspartner von Bedeutung. Zusammenwirkende Faktoren wie geringerer Bildungsstand, weniger angesehene Berufe und daraus resultierendes mangelndes Selbstvertrauen sind nur schwer vom gesamten Verhalten und somit auch vom Kommunikationsverhalten zu trennen.

Mit den Statuscharakteristika sind bestimmte Erwartungen verbunden, die sich auf eine unterschiedliche Bewertung der Fähigkeiten der Geschlechter beziehen. Wenn also Männer und Frauen in hohen in hohen Statuspositionen sind, wird sich dies in ihrem Verhalten gleichermaßen ausgedrückt. Einige Studien zeigen, dass zahlreiche geschlechtsbezogene Verhaltensweisen auf Statusunterschiede zurückgeführt werden können. So konnte demonstriert werden, dass bei Änderung des sozialen Status einer Frau oder eines Mannes deren Verhalten in Abhängigkeit von ihrem Status anders bewertet wurde und dass der Status des Geschlechts von anderen Statusinformationen (wie spezifische Aufgabenkompetenz in einem Bereich) umgewertet werden kann (Klann-Delius, G. 2004, S.159).

Senta Trömel-Plötz (1984) versucht zu belegen, dass der Status von Frauen und Männern, auch wenn er potentiell der gleiche ist, auf den Geschlechtsunterschied zurückzuführen ist.

Frauen und Männer mit vergleichbarem Status werden nicht gleich behandelt, auch wenn sie sich ähnlich verhalten. Es geht um Macht und Kompetenz. In der westlichen Kultur gilt beides als typisch männlich und wird dem „starken" Geschlecht automatisch zugeschrieben. Bei Frauen wird dasselbe als untypisch bezeichnet. Auch wenn Frauen haargenau das gleiche tun wie Männer, wird ihr Verhalten anders wahrgenommen und beurteilt. Die Forschungsergebnisse von West (1984; S.184-197) dokumentieren, dass das Geschlecht als Teil des

Gesamterscheinungsbildes wichtiger zu sein scheint als der berufliche Status. Eine Ärztin wird zuerst als Frau wahrgenommen, dann als Arzt. Gleiches Tun und Wissen garantiert noch nicht gleichen Erfolg (Falger, A. 2001, S. 75).

6 Erklärungsansätze

Geschlechterdifferenzen im Sprachgebrauch werden durch verschiedene Theorieansätze zu erklären versucht. Wie unterschiedliche Forschungen zu geschlechtsbezogenem Sprachverhalten zeigen, ist das Geschlecht nicht der einzige Faktor, sondern wirkt nur in einer Vielzahl anderer Faktoren. Als relevante Faktoren haben sich erwiesen: die Situation, soziale Schicht, Kulturzugehörigkeit, Status und Macht, Alter, Stereotype, soziale Rolle, neuroanatomische Grundlagen von Kognition und Sprache, früh vorhandene Neigungen, sozialisatorische Einflüsse von Elternhaus, Gleichaltrigen, Schule und Medien. Deutlich wurde zudem, dass Unterschiede im Sprachgebrauch auch innerhalb der Geschlechtergruppen bestehen können. Aufgrund der Vielfalt von Variablen und Faktoren innerhalb des Individuums und in der Umwelt des Individuums benötigt man ein integratives Modell, das der Komplexität der Verhältnisse gerecht werden kann (Halpern 2000, S. 262).

Ein **umfassenderes Modell** müsste erfassen, wie auf Basis individueller körperlicher Gegebenheiten und vorhandener Neigungen sich im individuellen Entwicklungsprozess die sozial und in der spezifischen Umwelt des Individuums erforderlichen Anpassungsleistungen vollziehen und dabei derart flexible Selbst- und Weltbilder erworben werden, dass sie in variablen Situationen und Kontexten gemäß Rollenerfordernissen und konkreten Interaktionsbedingungen im Interesse der Handlungsziele des Individuums wirksam werden können. Dabei müsste auch die Wirksamkeit von Stereotypen berücksichtigt werden (Klann-Delius, G. 2004, S.180).

Als ein Versuch die relevanten Dimensionen zu erfassen und sie aufeinander zu beziehen, kann das Modell von Richard Lippa (2002, S. 196) genannt werden. In diesem Modell werden sieben Ebenen unterschieden, die bei der Betrachtung der Problematik des geschlechtsbezogenen Sprachverhaltens einbezogen werden:

1.   biologische/genetische Faktoren,

2. Familieneinflüsse,

3. Einflüsse der Gleichaltrigen,

4. Soziokulturelle Faktoren,

5. Kognition,

6. Emotionen und Attitüden,

7. Verhalten.

Diese Ebenen interagieren untereinander in komplexer Weise, wobei das Ergebnis der Interaktion der Ebenen jeweils den Systemzustand ändert und somit weitere Entwicklungsphasen erzeugt.

7 Gleichberechtigung im Sprachverhalten

Bei der Diskussion über Gleichberechtigung im Sprachverhalten geht es darum, Wege zu einem gleichbehandelten Diskurs zwischen den beteiligten sozialen Gruppen aufzuzeigen. Geschlechtergerechte Formulierungen sind kein Formalismus, sondern ein konkreter Beitrag zur Gleichbehandlung von Frauen und Männern.

Das Ziel der gleichberechtigte Kommunikation soll sein, Ausdrucksformen in einer Sprachebene zu finden, die beiden Geschlechtern in den Ansprüchen an ihr eigenes Selbstverständnis gerecht wird und schließlich Gleichberechtigung im gesellschaftlichen Alltag forciert. Veränderungen im Sozialverhalten und dadurch gleichzeitig in der Kommunikation von Frauen und Männern auf der individuellen Ebene muss das Fundament für den gleichberechtigten Umgang der Geschlechter bilden. Veränderungsversuche sollen von beiden Geschlechtern ausgehen, und sie können jedoch nur bei entsprechender Verankerung im kollektiven Bewusstsein greifen.

Als ein funktional begründeter Maßstab für jegliches Sprachverhaltens wäre die *Situationsadäquatheit*. Frauen wie Männer müssten demnach über die Möglichkeit verfügen, sich je nach Situation und kommunikativen Bedürfnissen „typisch männlich" oder „typisch weiblich" zu verhalten (Linke, A., Nussbaumer, M. & Portmann, P. 2001, S. 323) .

Nicht Anpassung an die Normen der Männer ist gefragt, sondern Mut der Frauen zu eigenen Zielen, Interessen und Werten. Erst dann wird es möglich männliche Standards aufzubrechen. Unterstützend zur Etablierung der Frau in allen Bereichen der Gesellschaft muss deshalb die Bereitschaft entwickelt werden, Frauen auch im Sprachgebrauch und -verhalten entsprechend nicht nur zu berücksichtigen, sondern zu gleichen Teilen sichtbar zu machen, was wiederum der Unterstützung und der Etablierung der Frau dient. Das bedeutet, sowohl Männer als auch Frauen in der Sprache sichtbar und hörbar zu machen. Sprache schafft einerseits Realität und ist andererseits im Gebrauch ein Spiegel unserer Wirklichkeit: Was nicht benannt wird, ist entweder unwichtig oder nicht existent. Überall da, wo Frauen gemeint sind oder sein könnten, sollen sie genannt werden, statt „mitgemeint" und „hinzugedacht".

Zusammenfassung

Männer und Frauen unterscheiden sich in ihrem sozioökonomischen Status, in ihrer ethnischen und kulturellen Zugehörigkeit und sexueller Orientierung, die alle das Verhalten und die Kommunikation beeinflussen. Sprachliche Geschlechtsunterschiede erscheinen erst dann in ihrer ganzen Komplexität, wenn sie situationsbezogen und im Rahmen eines breiten gesellschaftlichen Kontexts untersucht werden. Die Unterschiede zwischen Frauen und Männern bilden ein Gefüge, in dem soziale Schicht, Bildung, Alter, Religion und ethnische Zugehörigkeit den Spielraum für unterschiedliche Bedingungen im sozialen, ökonomischen und politischen Handlungsrahmen festlegen.

Bei der näheren Betrachtung der empirischen Untersuchungen zum Thema „Geschlechtsunterschiede im Sprachverhalten " lässt sich feststellen, dass es viele widersprüchliche Befunde und Ansätze präsentiert werden. Deswegen erscheint es schwierig, den Forschungs- und Diskussionsstand in der linguistischen Geschlechterforschung zu bewerten. Tatsächlich gibt es übereinstimmende Vorannahmen vom typisch weiblichen und typisch männlichen Sprachverhalten, die den Geschlechtsstereotypen entsprechen Gottburgsen 2002).

Veränderungsversuche des Kommunikationsstils sollten meiner Meinung nach von beiden Geschlechtern ausgehen. Frauen sollen Mut haben, in allen Bereichen der Gesellschaft präsent zu sein, denn das ist die beste Möglichkeit ihre Sprache akzeptierter und verstandener zu machen, und Männer sollen nach den kooperativen Handlungsmustern handeln.

Im Sprachgebrauch und -verhalten sind die beiden Geschlechter entsprechend zu berücksichtigen. Das bedeutet, sowohl Männer als auch Frauen in der Sprache sichtbar und hörbar zu machen.

8 Literaturverzeichnis

Primärliteratur

Bericht der Bundesregierung zur Berufs- und Einkommenssituation von Frauen und Männern. 24. April 2002

Eichhoff-Cyrus, Karin M. (Hg.) 2004. Adam, Eva und die Sprache. Beiträge zur Geschlechterforschung. Mannheim etc.

Falger, Adrianna 2001. *Macht und Machtlosigkeit – Frauensprache in der Männerwelt*. Stuttgart.

Frank, Karsta 1992. Sprachgewalt: *Die sprachliche Reproduktion der Geschlechterhierarchie. Elemente einer feministischen Linguistik im Kontext sozialwissenschaftlicher Frauenforschung*. Tübingen

Gottburgsen, Anja 2002. *Stereotype Muster des sprachlichen doing gender.* Eine empirische Untersuchung. Wiesbaden.

Graddol, David & Swann, Joan 1989. *Gender voices.* Cambridge.

Gräßel, Ulrike 1991. *Sprachverhalten und Geschlecht.* Eine empirische Studie zu geschlechtsspezifischem Sprachverhalten in Fernsehdiskussionen. Pfaffenweiler.

Günthner, Susanne, Kotthoff, Helga (Hgg.) 1991.*Von fremden Stimmen: Weibliches und männliches Sprechen im Kulturvergleich.* Frankfurt/Main.

Günthner, Susanne, Kotthoff, Helga (Hgg.) 1991. *Die Geschlechter im Gespräch: Kommunikation in Institutionen.* Stuttgart.

Hellinger, Marlis (Hg.) 1985. *Sprachwandel und feministische Sprachpolitik.* Internationale Perspektiven. Opladen.

Hufeisen, Britta (Hg.)1993. *Das Weib soll schweigen.* (I. Kor. 14, 34) Beiträge zur linguistischen Frauenforschung. Frankfurt am Main, Berlin, Bern ,New York, Paris, Wien.

Kotthoff, Helga (Hg.) 1988. *Das Gelächter der Geschlechter. Humor und Macht in Gesprächen von Frauen und Männern.* Frankfurt am Main

Kotthoff, Helga 1994. *Geschlecht als Interaktionsritual?* Nachwort. In: Goffman Erving: Interaktion und Geschlecht. Frankfurt, New York; S.159-192.

Klaus-Delius, Gisela 2004. *Sprache und Geschlecht.* Weimer.

Linke, Angelika, Nussbaumer, Markus & Portmann, Paul 2001. *Studienbuch Linguistik.* Tübingen.

Maltz, Daniel N./Borker, Ruth A. (1991): »Missverständnisse zwischen Männern und Frauen - kulturell betrachtet.« In: Günthner/Kotthoff, S. 52-74.

Pusch, Luise F. 1984. *Das Deutsche als Männersprache.* Frankfurt/Main.

Pusch, Luise F. 1990. *Alle Menschen werden Schwestern.* Frankfurt/Main.

Roßbach Elke 1993. *Nonverbale geschlechtsspezifische Charakteristika von Frauen- und Männersprache.* In: Hufeisen 1993

Schmidt, Claudia 1988. *Typisch weiblich - typisch männlich.* Geschlechtstypisches Kommunikationsverhalten in studentischen Kleingruppen. Tübingen.

Schoenthal, Gisela: *Sprache und Geschlecht.* In: Deutsche Sprache 12, 1985.

Tannen, Deborah 1991. *Du kannst mich einfach nicht verstehen. Warum Männer und Frauen aneinander vorbeireden.* Hamburg.

Tannen, Deborah 1994. *Das hab' ich nicht gesagt! Kommunikationsprobleme im Alltag.* München

Tannen, Deborah 1997. *Andere Worte, andere Welten. Kommunikation zwischen Frauen und Männern.* Frankfurt am Main, New York

Trömel-Plötz, Senta (Hg.) 1996. *Frauengespräche: Sprache der Verständigung.* Frankfurt/Main.

Trömel-Plötz, Senta 1984 (Hg.). *Gewalt durch Sprache. Die Vergewaltigung von Frauen in Gesprächen.* Frankfurt/Main.

Werner, Frithjof 1983. *Gesprächsverhalten von Frauen und Männern.* Frankfurt/ Main, Bern.

Wex, Marianne 1980. »*Weibliche*« und »*männliche*« *Körpersprache als Folge patriarchalischer Machtverhältnisse.* Frankfurt/Main.

Sekundärliteratur

Barth, Susanne: *Differenzen: weiblich - männlich?* In: Praxis Deutsch, Heft 143 (Basisartikel), S. 17-23.

Bilden, Helga: *Sozialisation und Geschlecht.* In: Hurrelmann, Klaus; Ulich, Bolte Dieter (Hg.) Handbuch für Sozialisationsforschung. 5. Auflage. Studienausgabe. Weinheim.

Baron-Cohen, Simon 2004. *Vom ersten Tag an anders. Das weibliche und das männliche Gehirn.* Düsseldorf. Becker-Schmidt, Regine, Knapp, Gudrun A. 2001. Feministische Theorien zur Einführung. Hamburg.

Bischof-Köhler, Doris. 2002. *Von Natur aus anders.* Die Psychologie der Geschlechtsunterschiede. Stuttgart.

Enders-Dragässer, Uta, Fuchs, Claudia 1989. Interaktionen der Geschlechter. Sexismus-Strukturen in der Schule. München.

Frank, Karsta 1992. *Sprachgewalt: Die sprachliche Reproduktion der Geschlechterhierarchie. Elemente einer feministischen Linguistik im Kontext sozialwissenschaftlicher Frauenforschung.* Tübingen.

Garbe, Christine: *Frauen - das lesende Geschlecht?* Perspektiven einer geschlechtsdifferenzierten Leseforschung. In: Literatur & Erfahrung, Heft 26/27, 1993.

Garbe, Christine: *Geschlechterspezifische Differenzierungen in der „literarischen Pubertät".* Anmerkungen zu geschlechtsspezifischen *Widerständen gegen Literaturunterricht.* In: Der Deutschunterricht, Heft 1/1996, S. 88-97.

Garbe, Christine: *„Männliche", „weibliche" oder „geschlechtsübergreifende" Medienpraxis? Geschlechterkonstruktionen und Mediennutzung im Wandel.* In: Eggert, Hartmut u.a.: Literarische Intellektualität in der Mediengesellschaft. Empirische Vergewisserungen über Veränderungen kultureller Praktiken. Weinheim, München: Juventa, 2000, S. 157-184.

Humboldt, Willhelm von (1827-1829): »*Über die Verschiedenheiten des menschlichen Sprachbaues.*« In: Humboldt, Willhelm von: *Werke.* Hg. von Andreas Flitner und Klaus Giel. Bd. 3. Stuttgart 1963, S. 144-367.

Hellinger, Marlis 1990. Kontrastive feministische Linguistik. Mechanismen sprachlicher Diskriminierung im Englischen und Deutschen. Ismaning.

Jespersen, Otto (1925): *Die Sprache. Ihre Natur, Entwicklung und Entstehung.* Heidelberg.

Karl Martin/ Hradil, Stefan: Soziale Ungleichheit in der Bundesrepublik Deutschland. Opladen 1984. Zitiert nach: Gräßel, Ulrike: 1991.

Kimura, Doreen 2000. *Sex and cognition.* Cambridge.

Maccoby, Eleanor E. 2000. *Psychologie der Geschlechter. Sexuelle Identität in den verschiedenen Lebensphasen.* Stuttgart.

Pasero, Ursula, Braun, Friederike (Hg.) 1999. *Wahrnehmung und Herstellung von Geschlecht*. Opladen, Wiesbaden.

Werner, Fritjof: Gesprächsverhalten von Frauen und Männern. Europäische Hochschulschriften: Reihe 1, Deutsche Sprache und Literatur; Bd. 636. Frankfurt am Main 1983.

Internetadressen

www.frauen.jku.at

www.equal.ethz.ch/sprachregeln/Regeln.htm